# Elämän virrassa

Omistan runoteoksen

85-vuotiaalle äidilleni

Helli Kososelle

© 2015 Justin Larma
Kustantaja: BoD – Books on Demand, Helsinki, Suomi
Valmistaja: BoD – Books on Demand, Norderstedt, Saksa
ISBN: 978-952-286-817-6

# Lumous

Kiharasi pelmuavat villisti
pyörteisen tuulen ristiaallokossa
ja viimein
irrottautuen puhurin voimasta
ne lipuvat raukeina aaltoina otsalohkosi rantaan,
keinuen kuin ahvenruoho ihosi pinnalla
kukinnot välkkyen hunajaisen keltaista eloa

Suuntavaistoni katosi tunteiden merellä
etsin kuvajaistani silmiesi lähteestä
kauan
myrskyn jälkeen

lepäät levollisena
auringonkehrä kasvoillasi
lempeästi hymyten
hiustesi kultavilja valmiina sidottavaksi
lettilyhteiksi elon pellolla

Sydämiemme sirppi leikkasi täyttymyksen satoa

Onnen lumous
hehkuu kultaisin kuvajaisin katseessasi
myrskyn unohtaneena

# Vien Sinut

Vien Sinut
kuutamokävelylle
        huurteiselle metsätielle
        kuuraisella kankaalla
        avoimen järven rannalle

Vien Sinut
kuvajaisten ja varjojen maahan
        katsomaan kimaltavaa kuunsiltaa
        väreilevän veden ääreltä
        tummien puiden varjoista

Vien Sinut
oksien ja käkkyröiden alle
        leppäpuiden tuoksuun
        kumartamaan pihlajaa
        haapaa ja koivuja

Vien Sinut
lepäämään hämyisellä paadella
        loppukesän viileydessä
        rantahiekan tuntumassa
        uinumaan kaislojen suhistessa

Vien Sinut
kainaloni lämpöön
        sormiemme hyväilyyn
        huultemme hurmioon
        kiireettömään onnen utuun

Vien Sinut
meidät

Haikuruno
# Nuoruuden ihastus

Kävelin aina
aamulla työmatkani
samaa reittiä

Hän myös käveli
työmatkaansa keskustaan
omaa reittiään

Näimme aamuisin
samaan aikaan reitillä
vastapuolelta

Sitten kirjoitin
rakkauskirjeen hänelle
halusin nähdä

Kirjeen pudotin
työpaikalla ovesta
etunimellä

Lähde tanssimaan
ensi keskiviikkona
Järjestötaloon

Siellä on paras
liukas tanssilattia
alueellamme

Oiva parketti ,
paras tanssimusiikki,
tanssia tango

Seison rivissä
salin miesten puolella
hieman laidalla

Seisot keskellä
vastapäätä keskellä
naisten puolella

Tango kajahtaa
soimaan ja toisiamme
tanssiin kurkimme

Sydän pamppaillen
haen sinua tangoon
luokses astelen

Saisinko luvan
ja tanssin ensimmäisen
lupasit mulle

Mitä sanoisin?
sanatkin karkasivat
menin mykäksi

Tuskainen tango
jo minua harmitti
moinen kohtalo

-----------

Vuodet kuluivat
meni parikymmentä
soitit minulle

-Suurin aarteeni
on se rakkauskirjeesi
minulle, sanoit

Siitä hämmästyin
suorastaan jo häkellyin
sen muistan aina

Kerroit miehestä
jonka valitsit, hän on
luokkakaveri

# Katsot rakkaani

Katsot
Rakkaani
Rakkaani
katsot Minua

Kyyneltyvin silmin
Vapisevin ottein
riiput elämässäni
unohtaen
itsesi

Kosketat
Rakkaani
Rakkaani
kosketat Minua

Viilenevin sormin
ohenevaa ihoasi
hämmästellen
tunnen
että tunnet

Kevät ja kesä
Rakkaani
Tulossa
syksy ja talvi

# Rakastunut

Rempseästi rehvastellen
pää kenossa
kuljen
nokka kohti taivasta

Kun heräsin
peitin kehoni
pellavaan ja deminiin
kilveksi alastomuudelleni

Illalla
riisun kilpeni
muistelen päivääni
elän läpi elämystäni
ihastellen rohkeuttasi

# Kurkistit maailmaani

Raotin ovea maailmaani
Rutistin tyhjäksi
päivän kerrallaan
kuin värin tuubista

Maalasin lavealla pensselillä
punaista
sinistä
ruskeaa
mustaa kuin yö
johon keltainen kuu kurkottaa

# Leikkisinkö

Kasvoton kuu
lunastamattomien lupausten
avaruudessa
otsallaan
tähtien tiaran valon heijastus

Leikkisinkö
painoton taakka hartioilla
sumuisin silmin
ennen aamua

# Lemmestä syntynyt

Olen tyynen veden lapsi
piian ja rengin
lemmestä syntynyt
härkä
ilman punaista vaatetta

Tyvenen pinnan alla
Soljuu väkevä virta
elonpolulla karttunut
herkkä
ilman lukitsevaa aatetta

# Poika syntyi

Mäntykangas
sitä tuijotin synnytysosaston akkunasta
ja odotin

Muistan kuinka sanoit
- Jos se on poika toivon,
että se on sukumme näköinen
leveäharteinen ja –leukainen

Ymmärsin toiveesi
olinhan itse jäänyt hartioista kovin kapeaksi
kropaltani liikunnalliseksi
ja mieleltäni taiteelliseksi

Poika syntyi
Vuorokauden ponnistelujemme
tuloksena hän oli kasivarsillani
paksuniskaisena ja kaljuna
sukusi tunnusmerkein
varustettuna

Vuosikymmenet myöhemmin
oivallan sen vieläkin paremmin
On kasvanut mieheksi
kiipinyt yhteiskunnan rattaissa
isoksi pomoksi,
liki kihoksi
myös äitinsä suvun iloksi

Haikuruno
# Sunnuntailapsi

Lauantai ohi
yöpaikka sairaalassa
lapsi syntyvä

lääkärin kiire
synnyttävää avustaa
kovin supistaa

kätilö apuun
napanuora kiristää
lapsen kaulalla

maailmaan kaksi
viereisissä huoneissa
samaan aikaankin

pojat molemmat
naapureita myöhemmin
eloon parkuvat

isän tehtävä
pojasta on kertoa
se on yllätys

odotettu on
tyttöä kovastikin
ennustettua

vaan munat oli
kuten pojilla aina
onnen kukkulat

Sunnuntailapsi
tämä rakas mukula
aivan ihana

Haikuruno
# Tyttölapsi

Vanhemmat aikoi
adoptoida kolmannen
kahden seuraksi

vaimo yllättyy
ajatukset keskeytyy
raskaus alkava

ilman lääkettä
ilman piinaa hirveetä
onnen hetkiä

josko tyttö nyt
vajaa vuosi pojasta
nyt odotusta

saapuu helmikuu
prinsessa syntyy oma
tyttö niin soma

lapsi kolmas on
poikain kanssa kasvamaan
joutuu tyttönen

kultakutrit sai
harjaa isi hiuksiaan
ainokaisensa

Haikuruno
# KUOPUS


Ilmestyi kotiin
juovuksissa hakattu
naama verillä

Äiti järkyttyi
alkoi etuajassa
supistellakin

vauva kiirehti
joutui kuukauden lepoon
sisään sairaalaan

syntymän ihme
kokemisen arvoinen
aina uudelleen

koitti syntymä
suuri poika tulikin
ääni kantava

nelikiloinen
kuopus syntyi perheeseen
viisihenkiseen

perhe joukolla
joka päivä pyörällä
ajoi katsomaan

poika tomera
jo silloinkin ponteva
täytti unelmat

# Saappaat lätäkössä

Kutittele päiväsi hereille
heitä unihiekat nurkkaan
nouse pielustaltasi ja
hymyile

Päivänvalo kajastaa
pimeys luopuu jo vaipastaan
pilviverhot ylläsi soutavat
kuuntele
vesipisarat laulavat

Maa ahmii sateen
vesilätäköissä kuvajaiset
ja
pikkumiehen saappaat
siniset

Haikuruno

## Vaalean punainen

Napero sanoo
mitä vaan mieleen tulee
oivaltavasti

Nuha yllätti
ja pikkuneidin räkä
roikkui nenästä

Se liikkui ylös
huuleen alas tullessa
lapsi oivalsi

Sisään hengitä
ulos pallo puhalla
suuri komea

Pian huudahtaa
vaalean punainen, tää
räkäpallo on!

Haikuruno

# Hui hai kuka ties

Automatkaltaan
poika käypi mummolaan
reppu selässään

Pehmopupua
roikottaa ja lausahtaa
tervehdyksensä

-     Hui hai kuka ties
täältä tulee pieni mies,
tuoliin istahtaa

Pupuaan hellii
mummoa jo naurattaa
pyytää toistamaan

-     Hui hai kuka ties
täältä tulee pieni mies,
ujo hymyilee

Mummo utelee
-     Mistä sinä keksit tuon
hauskan sanonnan

-     Hui hai kuka ties
isi lukee iltaisin
meille satuja

# Haastava paikka

On haastavalla
miehellä
kinkkinen paikka
Kuuntele vaikka
Poltti kielensä
karjuu
kupissaan
kuuma saikka

On jäkättävällä
vaimolla
vaikea paikka
Niin taikka
Menetti hermonsa
huutaa harmissaan
lähti
hampaasta paikka

On kailottavilla
vanhemmilla
vaativa paikka
Kuvittele vaikka
Kiljuu
vaipoissaan poika
allaan
täysi vaippa

On elämöivällä
perheellä
totinen paikka
Arvioi vaikka
Hiljaa olla pitäisi
mekastavat kaikki
Kinkkinen, vaikea
haastava on paikka

# Läähätän

Pururata jalkojen alla joustaa
askelluksen painosta
hiki noruu pitkin selkää
kastellen ohutta trikoota

Läähätän, hikoilen

Ylämäessä askel lyhenee
ja hengitys tihenee
sydän hakkaa raivokkaasti
matkavauhtiin päästyään
hieman tasoittuu

Läkähdyn, punehdun

Uusi nousu koettelee
maitohapoilla olevia raajoja
meno vaikeutuu
hidastuu
naama punehtuu

Uupuen, elpyen


Voimat ovat katoamassa
onneksi alamäki alkamassa
löysään askelmitan pitkäksi
hengitystä syvemmäksi
voimat elpyen
kotiin hölkäten

Tankaruno
# Mäenlasku


Mäkeä laskin
kiperään mutkaan tulin
lumivallissa
syvän kuopan oivalsin
tietysti nurin menin

ylös kompuroin
lumiukolta näytin
huvitin teitä
naamani punaisena
oli pakkaslumesta

pulkka päreinä
aivan vallin reunalla
joen puolella
jos sulaan molskahtanut
olisin kai hukkunut

siellä rinteessä
nauroitte kippurassa
kai tietämättä
kuinka lähellä olin
suurta onnettomuutta

takaisin mäkeen
tuutte vielä näkemään
kuinka taas lasken
vauhdilla mä hurjalla
reitillä uudellakin

# Kuralla sotkettu

Siinä sitä taas oltiin
ylämäessä
sateenliukastamalla pihanurmella
nelipyörävankina

Painoin kaasua
takavetoisen menopelin
peräpää etsi kiemurrellen suuntaa
ei noussut mäkeä ylös
kaara

Peruutin
yritin uudelleen pyörät vinkuen
nurmeen syntyi pitkiä uria
tunsin työntävien pyörien uurastuksen
kuin ratsastaisi
ravuria

Vihdoinkin
kiinteää maata pyörien alla
nurmi rullalla
pysähdyn ja avaan oven
katson
äimistelen
olen sotkenut talon seinän
kuralla

# Muistojen formulat

Kukistettujen kuninkaiden
kamareissa
Jylläävät muistojen formulat
Menneen menolipuilla
Leimataan alkavat päivät

Tuhannet ajatukset
Sadantuhannen sanan tulva
Tunteiden myllerrykset
Kanavoituneet kyyneleet
Ja lopulta jää
vain yksi sana: tulehdus

Jääkö ajoni kesken
Hiljeneekö vauhtini
Iltaan
Paluuliputta

# Muutos

Muija istuu hetekan reunalla
Hieroo kipeytyneitä kinttujaan
Polvisukat nilkoissa
Työn kovettamin
känsäisin kourin
hän leipoo pohkeitaan

On kahvitauon aika
Valimolta
Taukotupaan änkeää äijälauma
Keittäjä oikaisee vartensa
Nyhtää nopeasti sukat ylös
Ja mammonan kiilto silmissä
rientää tiskille

-    Onko sulla räkämunkkii, kysyn
Ja jonossa kärkipaikalta
saan vaaleanpunaisella kuorrutetun
hillosilmäisen munkin
ja kupin kahvia

-    Se onkin sitten viimeinen
Sanoo, että on tulossa muutos
-    Jo heti huomenna
-    Ei enää pullaa
-    Ehkä kahvia automaatista

# Harhautettu

Sukelsin kevyeen syvyyteen
Kellun lempeää unta
Makoisasti tuuditellen mielen äärilaitoja
Näin on hyvä olla

Se odottaa kulman takana
Kokoaa voimaansa väkevämmäksi
Iskee

Avautunut sykkyrä
Osa hyväuskoisen maailmaa
Räjähtää pirstaleiksi

Nyt sisintäni pengotaan
Lyödään merkkejä merkityksilleni
Luodaan uudet säännöt

Uppoan
Hukun haasteiden määrään

# Lennetään pihalle

**Halusin korkealentoon, kiireellä**

Istuin ja odotin
unelmatehtaan portailla
kuvitellen pääseväni huipulle
lentääkseni
kuningaskotkan lailla
menestyksen taivaalle


**Toisin kävi, syntyi selityksiä, viiveellä**

Onnuin kotiin siivet katkottuna
työpaikan menettäneenä
pudonneena
pihalle lentäneenä
variksena
tongin selitysten einettä
sielulle loukkaantuneelle

**Tahdon kärpäsenä kattoon liidellä**

Siipiäni ehostan
korjaan ja kunnostan
uudistuneena
uutta kiitorataa etsien
lentoon haluten
aluksi riittänee liito varoen
kertaalleen rampautetulle

**Kurkottelen onnea ahneen siivillä**

Vaappuen ilmaan nousen
koipiani vauhtiin kohotan
silmilläni seteleitä siristän
köyhyydenvyötä löysäilen
Oravanpyörässä onnea juoksen
pinnapäreenä päristän….

# Keikka katoavaan

Kellun it-meressä
avoimen bittitaivaan alla
Kuvittelen itseni kauemmas
avaruuteen
jossa ääretön kohtaa minuuteni

Roikun insinööritieteen
oravanpyörässä
Rannalle ovat jääneet
ystävälistaani kuulumattomat
tuntemattoman asukkaat

Naamakirjojen valikoimassa
kuvani katoavat
unohtuvat
häipyvät

Runneltuina saapuvat sanat
ajatukset
lauseet
tavut
kirjaimet
Pisteettömänä virke
kuin sokea
etsiskellen
oivalluksen mahdollistavaa kohoumaa

Jonnekin
katoaa kaikki se
ja keikkani on valmis

# Meillä miehillä

Meillä
kuuskymppisillä miehillä
on paljon yhteistä
tuntuu siltä kuin
kulkisimme samalla junalla
poikkeaisimme samoilla asemilla
toisinaan jopa
ihan omalla

Kerrot (Kari)kaipaavasi tarinoita
Itse kerroit meille lasareetin Eemelistä
hänestä
joka varasti yöunesi
ja puki ylleen vaatteesi
hänestä
jolla oli se virtsaumpi
ja tavaroita kätkevät sukulaiset

Kuulimme toisiltamme tarinoita
personifikaatiossa (Marjatta)
kaivataan karvaisia käsivarsia (Tuula)
puhkotaan paiseita (Pirjo)
ja poltetaan irronneita jäseniä (Sointu)
takaa kalteroidun ikkunan (Veera)
hermosto vihitään uuteen käyttöön (Laura)
turhaa itkua yhdeksän kuukautta (Hanna)
ja pitkän päivän ilman sinua (Lea)
kolmatta maailman sotaa odotellessa (Iina)
annan sut kuutamoos (Harry)
jylläävät muistojen formulat (Mauri)*)

Ajattelen
on rikkaus päästä tälle seikkailulle
onhan tuo asemakin lähellä
voi välillä vaikka hypätä junaan
ikäistensä seuraan
viilettää pitkin kiskoja
etelään, pohjoiseen tai itään
länteen päästäkseen on kurvattava
Hyvinkään kautta

*) lainattuja otteita Riihimäen kansalaisopiston Tarinat talteen –ryhmän
teksteistä

# Mummon haave

Liirii vene järvellä
vanhus keskituhdolla
airot veneeseen nostettuna

Mummo on kaloja onkimassa
muikkuverkkojaankin kokemassa
neljääkymmentä sirriä tavoittelemassa

Kalakukosta äiti haaveilee

kuvittelee
kuinka kalat perkaisi
sieväksi keoksi latoisi
läskihunnulla peittäisi ja
ruiskuoreen kätkisi
muhevaksi uunissa hauduttaisi

# Syksy


Kosteudesta kiiltävää
Pehmeää
Lempeää
on syksyn sää

Värit hehkuvat
Maisemat muuttuvat
Matkat jatkuvat

Lämpö
pakkaseksi vaihtuu
Kylmän kimalteiksi
kristalleiksi muuttuu

Muistot pehmeät
Yhä lämmittävät
Kuulaina mieleen syöpyvät
Kristalleiksi juurtuvat

# Halla hiipii

Korsi pellon laidalla
katsoo yksinäisyyteen
kuin Sinä
varhaisen aamun hetkenä
hieman ennen
kukonlaulua

Halla
on hiipinyt pellon poikki
jättänyt korteen harmaan huntunsa
ja somistanut maiseman
pienin
harmain viiksikarvoin

Valkoiset hiukseni
viestivät elon aikajanasta
kenties tulossa olevasta huru-ukkoajasta
jolloin kiidän rollaattorillani
pitkin hämyistä kujaa
lujaa

Paksusankaiset silmälasit huurussa

Varis istuu portaan kaiteella
nokkii löytämäänsä
sekin yksin
pakkasaamuna

Haikuruno

# Suolla tuolla


kelopuun alla
juuret tuiki syvällä
runko *kavala*

huurre pinnassa
kylmä sormin koskea
*liukas* ilmakin

turvapaikkana
mätänevän suon lemu
*vastenmielinen*

muuraimen varsi
kylmään riisui heteensä
marja *neuvokas*

rahkasammaleet
muhkumättäinen aapa
*viekkaat* piilossa

karpalo alla
päällä jäänkirkas kate
*nopsa* kulkea

ei sulattaa voi
*liukkautta* jäänkään alta
ei pakkassäällä

on suolla tuolla
käkkyröiden uhkana
kaato *nopea*

# Unelma

Pohjoinen kaira kylpee
ruskan väreissä
maisema yhtyy sinistyen horisontin sineen
tunturipuron uomassa
kullanhuuhtoja

Vakain käsin
vaskooli herkän tukevassa otteessa
tarkkasilmäinen
tähyää hiekanmurujen joukosta
kultahippuja

Kumarana
kyykkien rahillaan
veden kylmettämin sormin
etsii unelmaa
toivoen suurta
kultasaalista

Istuessaan
miettii menneitä
ruuhkaa, kaupungin kiireitä
niitä kaipaamatta toteaa
vapautta on olla
kullankaivaja

# Iltahetki

Jäkäläkankaalla polku,
suopursut kukkivat
käkkärämäntyjen lomassa

Kevätkesän hurmaannuttamat
hyttyset
inisevät iltasoittoaan
nuotiosta nousevan savuverhon takana

Suo asettuu lepoon,
ilta-auringon laskiessa
yksinäinen pöllö vaappuu
ruoanetsintämatkalleen

Laavulla majailevat onkijat,
jokakeväiset kalamiehet
aterioivat
rinkkoineen ja reppuineen

Yö laavulla on alkamassa

Korpimaisema toistaa
puheen äänen
kaiuttaen sanojen loppuja
kalliosta kallioon
iltayön taivaalle

Tuli hiipuu kekäleiksi
noen mustaamien kivien välissä

Kuu nousee taivaalle

Haikuruno

# Karhunkierroksella

Patikointia
Hautajärveltä Juumaan
hetken tuumailin

Haasteen pojalle
nuorimmaiselle annoin
lähtö päätettiin

Reitti mittava
muutamalle päivälle
sitä mietimme

Ja niin lähdimme
illan suussa kesällä
rinkat selässä

Kurun yli vie
riippusilta notkuva
puusta kyhätty

Vaijerit tukee
keinuvaa askellusta
kosken ylitse

Oulankajoki
kohisten soljuu alla
päätä huimaten

Taivalköngäskin
uhossaan puhuttelee
tupa hämyinen

Patikoin rantaa
lepään mäntykankaalla
puron partaalla

Pian kipuan
ylös vaaran rinnettä
laelle asti

Näen huikean
jokiuomamaiseman
uimaan haluan

Riisun kamppeeni
joen hiekkarannalle
veteen pulahdan

Raikasta, kylmää
ui vastaan kalojakin
nautin, virkistyn

On aika rientää
eteenpäin joen vartta
Kiutakönkäälle

Putousta suurta
ihailen, vesimassaa
hämmästyttävää

Leiripaikalla
yövyn soputeltassa
makuupussissa

Aamukahvia
keitän nokipannussa
vahvaa tuoksuvaa

Hiekkatöyräällä
kulkee monta polkua
puiden lomitse

Alhaalla joki
soutaja on veneessään
kalastamassa

Kivikkoinen tie
suuntaan mäen rinteeseen
joen varrelta

Matkan päässä nyt
vanha tervahauta on
mennytaikainen

Kitkajokea
kohti taivallan jalan
rinkka selässä

Suota kävellen
väliin märkään vajoten
tarvon eteenpäin

Muuttuu maisema
Jussin kämpällä kota
lämmin valmiina

Makkara tikkuun
herkullisesti tuoksuu
nenävarressa

Kitkan kuohut soi
kalastajienkin ääntä
siimat vinkuvat

Matala vesi

piilottelee saalista
taimenta, lohta

Laavulta savu
leijailee veden ylle
kohti kuusia

Hetken viivähdän
raajaa vedessä uitan
katson taivaalle

Sade ropisee
suuren hatun lierille
valuu verkolle

Joenranta on
niljakas kävellä, ei
saa herpaantua

Vastarannalla
korkeiden kallioiden
alla niittyjä

Harrisuvanto

# Odotus

Apea
Harmaa
Hämyinen

Pienen pohjalaiskylän maisemassa
talojen ja torppien savut
makaavat matalalla
vähälumisten peltojen yllä

On joulukuu
Valonjuhla antaa odotuttaa itseään
Karjatuvan altaassa kelluu
harmaa alumiininen maitotonkka
kansi raollaan

Torpan
sammaloituneen pärekaton alla
kolme peräkkäin rakennettua huonetta,
harmaaksi maalatuilla
kovalevylattioillaan
raidalliset räsymatot,
pöydän ääressä
ajan harmaannuttama  penkki,
muurin kupeessa
tulisijan pankolla
kasa pilkottuja polttopuita

Rauha
Hiljaisuus
Hellan lämpö

Pöydällä kultainen enkelikello

Haikuruno
# Oodi Hatlammille

Hatlamminmäki
suon kainalosta nousee
katso aavalle

jylhät lohkareet
kuusikossaan lymyää
tarjoo piilojaan

rinteillä varvut
kesällä notkuu marjat
syksyllä sienet

polut kulkea
ristiin rastiin kaikille
suunnistajille

keloissa linnut
palokärki ja tikka
koloja takoo

korppi liitelee
tumma varjo seuranaan
vihreän yllä

metsän humina
suorämeellä pitkospuut
miehet saappaissa

lampi heijastaa
taivaan sinen valoa
linnun lepäävän

luikertelee kyy
loikkaa suuhun sammakko
makupalaksi

laavun savua
retkeilijän taukoa
kruunaa sadekin

maastolenkin voi
kiertää mennen ja tullen
ääniä kuullen

harjulta katson
aavalle, suon selälle
suovillan taakse

pursun kukkia
tuoksuttelen ja nuuhkin
lumoudun aina

maassa vanamo
pienin kukinnoin hurmaa
kohti kanervaa

polku vie ylös
tuo alaskin kulkijat
kosteikon huomaan

juolukat kohtaan
varhaislapsuutta muistan
pohjalaiskylän

kannolta katson
ylös jalkani nostan
taukokahvia

rukiista leipää
mutustan kädestäni
vatsaa hellimään

hiljaisuus uneen
ajatukset vie kohta
levollisesti

Hatlamminmäki
seestää mielen retkellä
rauhoittavalla

# Uninen unelma

Kärvistelen
sydänrämeeni reunalla
kaivaten auvoisuuden
aurinkoisia päiviä

Kelopuiden varjossa
kolopuulintuni nakuttaa
kokemuksen käpyä
alastonta runkoani vasten

Harmaat aivosoluni
heräilevät odotukseen

Katson kuunsirpin
himmenevään hahmoon
ikuisen taivaan kannella
löytämättä
kultajyvää hopeaisen pilven reunalta

Pehmeän rahkamaton alla
karhunsammalen kainalossa
uinuu uninen unelmani
odottaen heräämisensä aamua
kirkastuakseen
rakkaudelle auringoksi

# Murheen merellä

Kaarnalaivan kannella
pulleiden purjeiden varjossa
itkujani kiherrän
kyynelten lammikoissa
vihastani vapisen


Luovin
tuskan pärskeissä
itsesäälin viiriä hulmutan
murheenpuurosta voimaa
tavoittelen
synkistelen


Purttani väkevästi
vihalla ohjaan
kohti uutta
tuskan satamaa
rantaa epätoivoisesti tähyän
ehjemmän elämän

Kurjuuden huumassa
unohdus matkassa
positiivisuus hukassa
ruotoani rusennan
ymmärryksen kadotan
murheen kuiluksi
senkin murennan

# Olen pohtinut

Olen pohtinut
joskus jopa tohtinut
istua
laiskana sohvalla
niin, tai
penkillä kovalla

Olen sanoja kirjaimista piirtänyt
niitäkin
jotka sydämeen on haavan viiltänyt
usein ajatellut
itseltäni salaisuuttani udellut

Olenko hän
joksi itseni luulen
vai hän
joksi kutsuttavan kuulen

Sitä olen pohtinut

# Tunteiden tunkiolla

Miehekäs olo
kupillinen kossua
ja luvaton kusipaikka
portaan pielessä
keskellä
kaupunkia

Lorotuksen äärestä
hoippuvin askelin
lätäköstä lätäkköön
kohti kotia
lähiössä

Akka saatana
onko taaskaan kotona
onko pennutkin  piilossa
isi on
ihan vaan vähän
humalassa

Vituttaa ankarasti
hävettää kamalasti
tuli kotipihaan poliisi,
ambulanssi ja taksi
tulipas tyrittyä
komeasti

Kiipesin tunteiden tikkailla
räystäitä tavoittelemaan
seitsemännen kerroksen
parvekkeelle
lorottelemaan
alasti

Makaan tunteiden tunkiolla
mieli maassa
putkan permannolla
katumuksen käppyröissä
kotini rättimattoakin kaipaan
helvetisti

# Pelko, puukko ja odotus

Rutkasti rimakauhuisena
istahdan tuolille odottamaan
sisuksissa pelkäämättömyyden
aavistamaton käsite

Kankkuni painavat puuta
terveyskeskuksessa

Uskoni valkotakkisiin
on ikiaikaisen ristiriitainen
onhan osa historiaani
latoa läskiä kaupan lihatiskille

Puukkojen voiman siis tunnen
ja vannesanhankin
oletan välttäväni pilkonnan,
tuoksun viskille

Uhossa unohdin
pelossa romahdin
lääkitsemään vanhalla tavalla
oli aamulla tarvetta kuskille

Siis odotan

Haikuruno
# Koiran elämää

Koirani makaa
keittiön lattialla
luutaan odottaa

Valppaana katsoo
kuuluvan äänen perään
ei haukahdakaan

Kaulapannassa
kiinnitys on hihnassa
lupa ulkoiluun

Rientää ovelle
innokkaasti kirmaten
Joko me mennään

Ulkona nuuhkii
tutut ja vieraat hajut
kastelee pajut

Tuttuja moikkaa
häntää heiluttamalla,
nousee vastaankin

Heinikon tutkii
punkit kohtaa lemmikin
nousee turkkiin

Kotiin tultua
ruokakipolle heti
kiiruhtamassa

Makupaloja
koira ahmii kiireellä
vettäkin latkii

Tyytyväisenä
makuupaikalleen kaatuu
pian nukahtaa

# Jytkyt nytkyt

Tanssi
kevyesti päkiöillä
puikein pohkein
keskivartalo
kuin liimattuna
parisi lämpöä vasten

Tanssi
hartialinja vaaterissa
kuni tarjoilija
vatinsa alla
tasapainoa etsien
kyynärvarsi olkaa vasten

Tanssi
unohda Sallisen jytkyt
nyt on muotia
toisenlaiset nytkyt
nauti poljennosta
vaikka olis vaan
paikalla juputusta

# Tanssahella suatan

Vaekka on  mulla
lättäjalat levveet
on askeleet kevveet

Tanssahella suatan

Hyppeen
jenkkoo ja polokkoo
tankoo ja humppoo
vuan en masurkkoo
suati vengerkkoo

Valssista tykkeen

Kaapuntissa
parkettiloilla
voe mussiikin tahissa
kinttujjaan viskoo *)


*) savon kielen sanoja tarkisti kummityttö Riia